AF175493

Impressum
Verlag: BABADADA GmbH, Nedderfeld 112 , 22529 Hamburg
Geschäftsführer / Verlagsleitung: Harald Hof
Druck: Books on Demand GmbH, In de Tarpen 42, 22848 Norderstedt

Imprint
Publisher: BABADADA GmbH, Nedderfeld 112 , 22529 Hamburg, Germany
Managing Director / Publishing direction: Harald Hof
Print: Books on Demand GmbH, In de Tarpen 42, 22848 Norderstedt

school
мәктәп

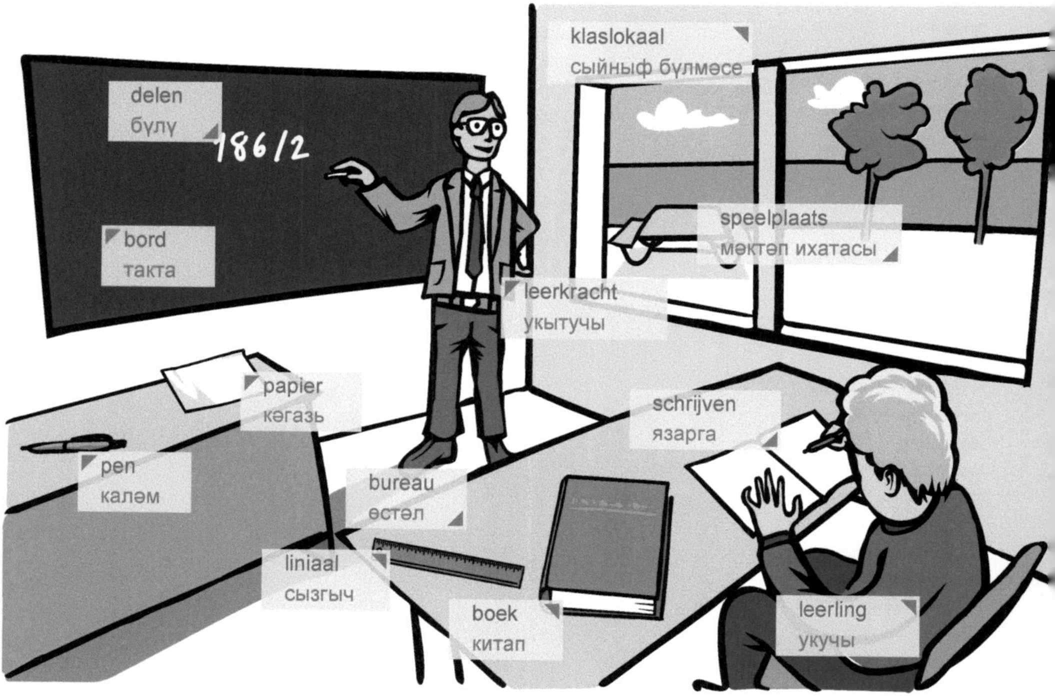
klaslokaal
сыйныф бүлмәсе
delen
бүлү
186/2
bord
такта
speelplaats
мәктәп ихатасы
leerkracht
укытучы
papier
кәгазь
schrijven
язарга
pen
каләм
bureau
өстәл
liniaal
сызгыч
boek
китап
leerling
укучы

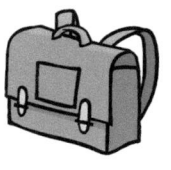

schooltas

букча

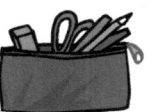

pennenzak

каләмдан

potlood

карандаш

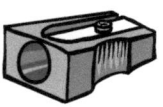

puntenslijper

каләм очлагыч

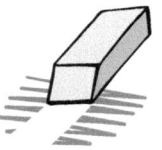

gom

бетергеч

tekenblok

рәсем дәфтәре

tekening

рәсем

verfborstel

пумала

verfdoos

буяулар тартмасы

schaar

кайчы

lijm

җилем

werkboek

дәфтәр

huiswerk

өй эше

nummer

сан

optellen

кушу

aftrekken

алу

vermenigvuldigen

тапкырлау

rekenen

исәпләү

letter

хәреф

alfabet

әлифба

woord

сүз

tekst

текст

Lezen

укырга

krijt

акбур

les

дәрес

klassenboek

сыйныф журналы

examen

имтихан

certificaat

сертификат

schooluniform

мәктәп формасы

onderwijs

мәгариф

encyclopedie

энциклопедия

universiteit

университет

microscoop

микроскоп

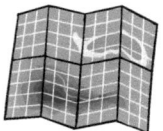

kaart

харита

papiermand

чүп кәгазь чиләге

reis

сәяхәт

hotel
кунакханә
Grand
jeugdherberg
хостел
ROOMS
wisselkantoor
валюта бюросы
koffer
баул
auto
автомобиль

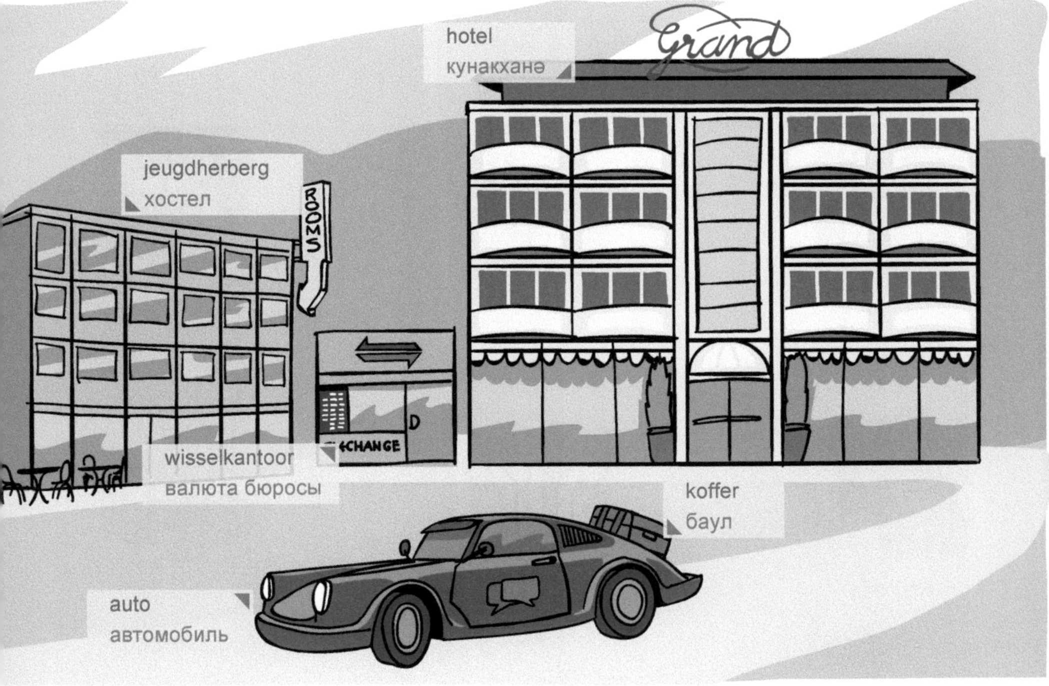

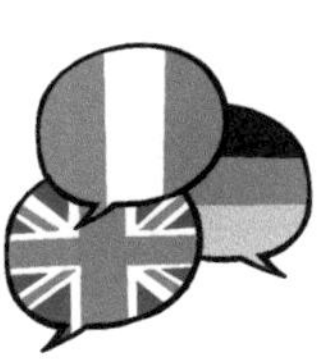

Taal

тел

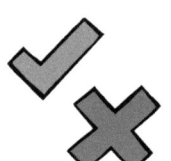

ja / nee

әйе / юк

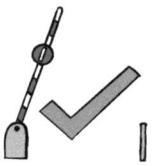

oké

ярар

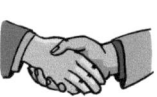

hallo

исәнмесез

vertaler

тәрҗемәче

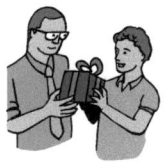

bedankt

Рәхмәт

Hoeveel kost ...?

... күпме тора?

Ik begrijp het niet

мин аңламыйм

probleem

проблем

Goedenavond!

Хәерле кич!

Goedemorgen!

Хәерле иртә!

Goedenavond!

Тыныч йокы!

Tot ziens

сау булыгыз

richting

юнәлеш

bagage

багаж

zak

букча

rugzak

биштәр

gast

кунак

kamer

бүлмә

slaapzak

йокы капчыгы

tent

чатыр

toeristeninformatie

турист мәгълүматы

strand

комсал

kredietkaart

кредит кәрте

ontbijt

иртәнге аш

lunch

төшлек

avondeten

кичке аш

ticket

билет

lift

лифт

postzegel

марка

grens

чик

douane

тамгаханә

ambassade

илчелек

visum

виза

paspoort

паспорт

transport
транспорт

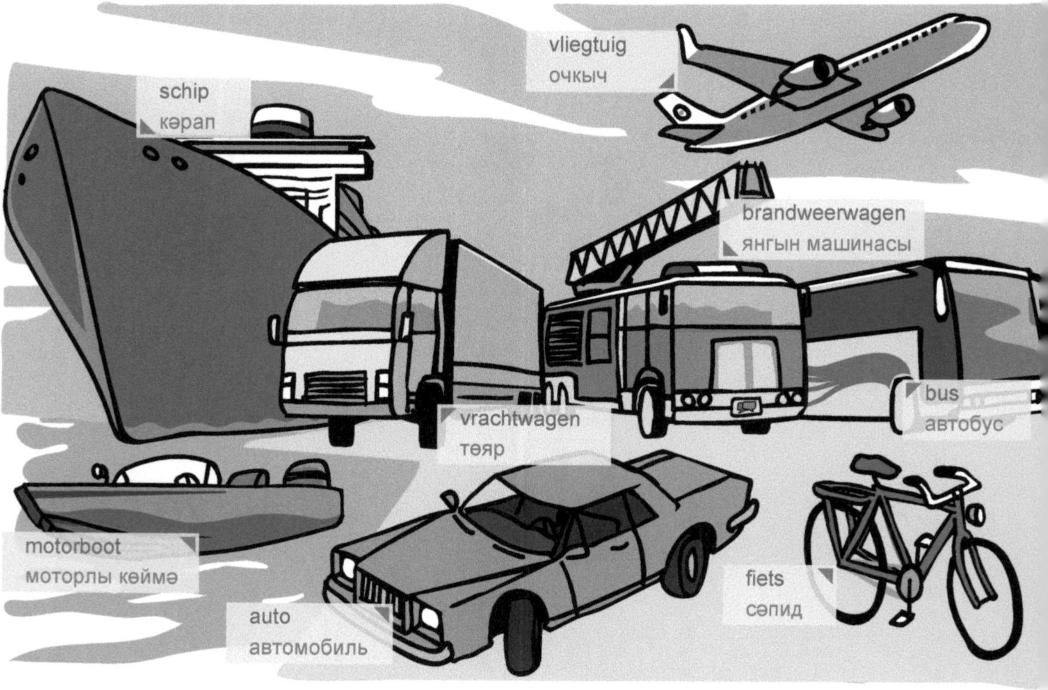

schip
кәрап

vliegtuig
очкыч

brandweerwagen
янгын машинасы

vrachtwagen
тәяр

bus
автобус

motorboot
моторлы көймә

auto
автомобиль

fiets
сәпид

veerboot

борам

boot

көймә

motor

мотоцикл

politiewagen

полиция машинасы

racewagen

узыш машинасы

huurauto

киралык машина

carpoolen
каршеринг

sleepwagen
тартучы

vuilniswagen
чүп төяре

motor
мотор

benzine
ягулык

benzinestation
бензинлек

verkeersbord
трафик билгесе

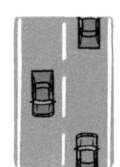

verkeer
хәрәкәт

file
бөке

parkeerplaats
паркинг

station
вокзал

sporen
рельс

trein
поезд

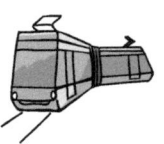

tram
трамвай

wagon
вагон

helikopter
боралак

luchthaven
һава аланы

toren
манара

passagier
юлчы

container
контейнер

karton
алап

kar
йөк арбасы

mand
сәбәт

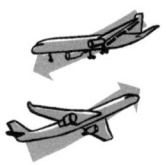

opstijgen / landen
калку / төшү

stad

шәһәр

dorp
авыл

stadscentrum
шәһәр үзәге

huis
йорт

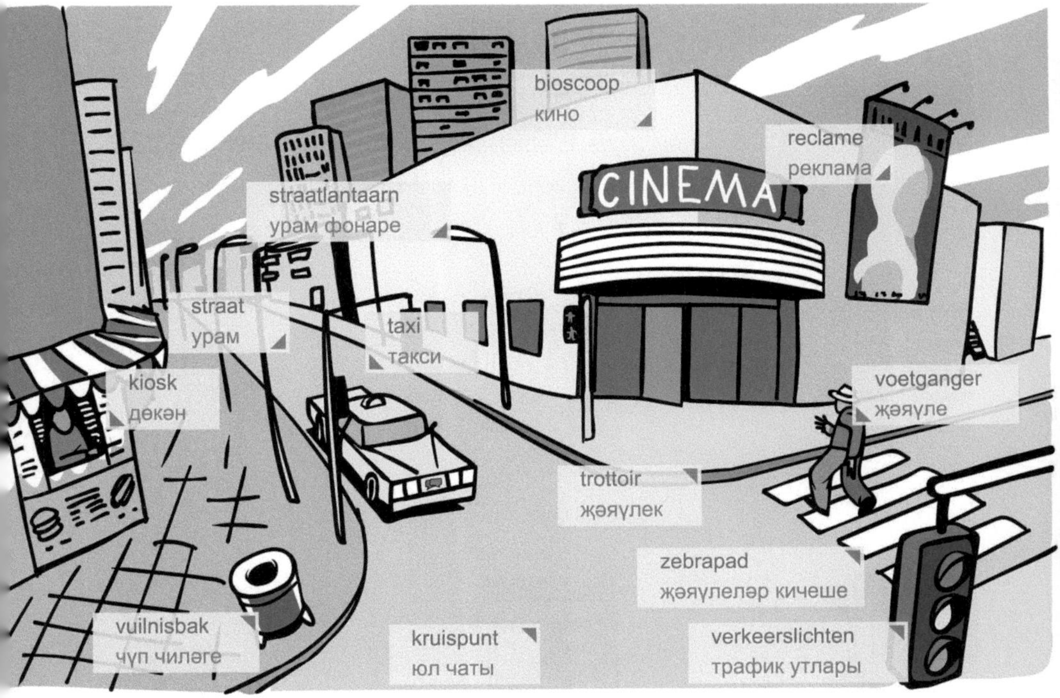

bioscoop
кино

reclame
реклама

straatlantaarn
урам фонаре

straat
урам

taxi
такси

kiosk
дөкән

CINEMA

voetganger
җәяүле

trottoir
җәяүлек

zebrapad
җәяүлеләр кичеше

vuilnisbak
чүп чиләге

kruispunt
юл чаты

verkeerslichten
трафик утлары

hut

алачык

woning

фатир

station

вокзал

stadshuis

шәһәр хакимияте

museum

ядкәрханә

school

мәктәп

universiteit

университет

bank

банк

ziekenhuis

хастаханә

hotel

кунакханә

apotheek

даруханә

kantoor

офис

boekwinkel

китап кибете

winkel

кибет

bloemenwinkel

чәчәк кибете

supermarkt

супермаркет

markt

базар

warenhuis

зур кибет

vishandelaar

балык кибете

winkelcentrum

сәүдә үзәге

haven

лиман

park

парк

bank

эскәмия

brug

күпер

trap

баскыч

metro

метро

tunnel

тоннель

bushalte

автобус тукталышы

bar

бар

restaurant

ресторан

brievenbus

ямыл тартмасы

straatnaambord

урам билгесе

parkeermeter

паркинг санагычы

zoo

хайван бакчасы

zwembad

хәвезханә

moskee

мәчет

boerderij

ферма

milieuverontreiniging

керлелек

kerkhof

зират

kerk

чиркәү

speelplaats

уен аланы

tempel

гыйбадәтханә

landschap

тирә-юнь

blad
яфрак

wegwijzer
юл күрсәткече

weg
юл

weide
болын

steen
таш

boom
агач

wandelaar
йөрешче

rivier
елга

gras
үлән

bloem
чәчәк

vallei
үзән

heuvel
калкулык

meer
күл

bos
урман

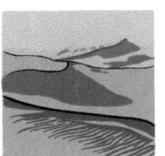

woestijn
чүл

vulkaan
янартау

kasteel
ныгытма

regenboog
салават күпере

paddenstoel
гөмбә

palmboom
пальма

mug
черки

vlieg
чебен

mier
кырмыска

bijl
бал корты

spin
үрмәкүч

kever

коңгыз

kikker

бака

eekhoorn

тиен

egel

керпе

haas

куян

uil

ябалак

vogel

кош

zwaan

аккош

wild zwijn

кабан дуңгызы

hert

болан

eland

пошый

dam

туан

windturbine

җир турбины

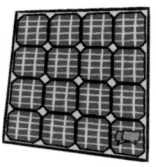

zonnepaneel

кояш панеле

klimaat

икълим

restaurant

ресторан

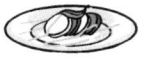

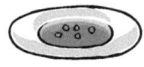

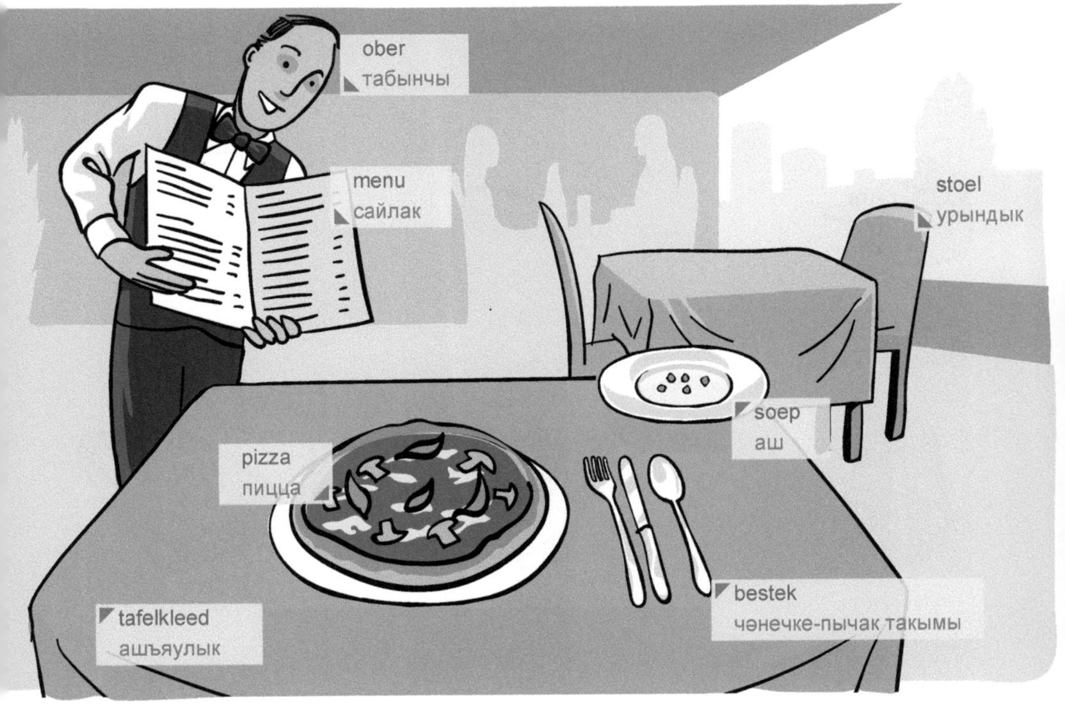
ober
табынчы
menu
сайлак
stoel
урындык
soep
аш
pizza
пицца
bestek
чәнечке-пычак такымы
tafelkleed
ашъяулык

voorgerecht

кабымлык

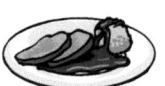

hoofdgerecht

төп ашамлык

nagerecht

татлы

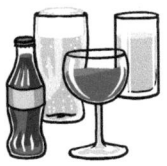

drankjes

эчемлекләр

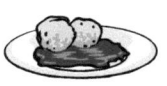

eten

азык

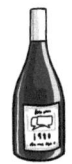

fles

шешә

fastfood

фастфуд

street food

урам ризыгы

theepot

чәйгүн

suikerpot

шикәр савыты

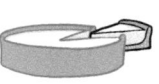

portie

салым

espressomachine

эспрессо машины

kinderstoel

биек урындык

rekening

хисап

dienblad

төгер

mes

пычак

vork

чәнечке

lepel

кашык

theelepel

чәй кашыгы

serviette

тастымал

glas

тустаган

bord

табак

soepbord

аш табагы

schoteltje

җәйпәк

saus

соус

zoutvatje

тоз савыты

pepermolen

борыч тегермәне

azijn

серкә

olie

сыек май

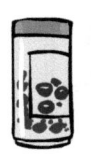

kruiden

тәмләткеч

ketchup

кетчуп

mosterd

хәрдәл

mayonaise

майонез

supermarkt

супермаркет

aanbieding
махсус тәкъдим
FOR
klant
сатып алучы
zuivelproducten
сөт эшләнмәләре
fruit
җимеш
winkelwagen
кибет арбасы

BUTCHERS

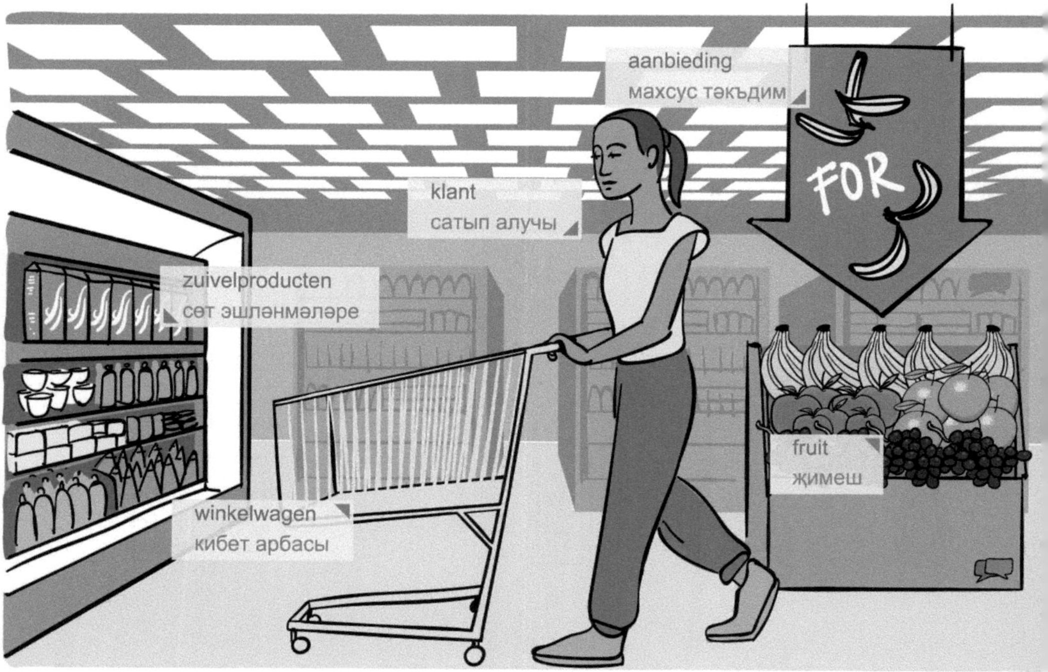

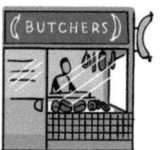

slagerij

ит кибете

BAKERY

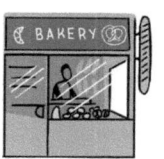

bakkerij

икмәкханә

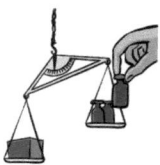

wegen

үлчәү

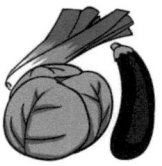

groenten

яшелчә

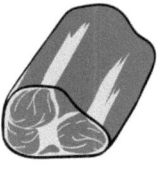

vlees

ит

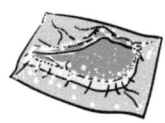

diepvriesvoedsel

туңдырылган ашамлыклар

charcuterie

суык ит

conserven

кәнсирләнгән ашамлык

waspoeder

кер юу порошогы

snoep

шикәрләмәләр

huishoudproducten

өй эшләнмәләре

schoonmaakproducten

тәмизлек эшләнмәләре

verkoopster

сатучы

kassa

язучы касса

kassier

кассир

boodschappenlijstje

сатып алу исемлеге

openingstijden

эш вакыты

portefeuille

калта

kredietkaart

кредит кәрте

tas

букча

plastieken zakje

пластик капчык

supermarkt - супермаркет

water

су

sap

сут

melk

сөт

cola

кола

wijn

шәраб

bier

сыра

alcohol

хәмер

cacao

какао

thee

чәй

koffie

каһвә

espresso

эспрессо

cappuccino

капучино

banaan

банан

appel

алма

sinaasappel

әфлисун

meloen

карбыз

citroen

лимон

wortel

кишер

knoflook

сарымсак

bamboe

бамбук

ajuin

суган

champignon

гөмбә

noten

чикләвекләр

noodles

токмач

spaghetti

спагетти

rijst

дөге

salade

салат

frieten

чипсы

gebakken aardappelen

кыздырылган бәрәңге

pizza

пицца

hamburger

гамбургер

sandwich

сэндвич

kalfslapje

кәтлит

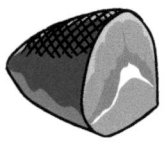

ham

ветчина

salami

салями

worst

сосиска

kip

тавык

braden

кыздырма

vis

балык

havervlokken

солы измәсе

muesli

мюсли

cornflakes

мәккәй кетердеге

bloem

он

croissant

круассан

pistolet

ипи түгәрәге

brood

икмәк

toast

тост

koekjes

кәтәрмәч

boter

май

kwark

эремчек

taart

кейк

ei

йомырка

spiegelei

тәбә

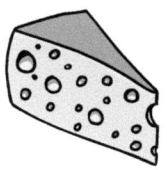

kaas

сыр

ijs

туңдырма

suiker

шикәр

honing

бал

confituur

кайнатма

choco

шоколад измәсе

curry

карри

boerderij
ферма

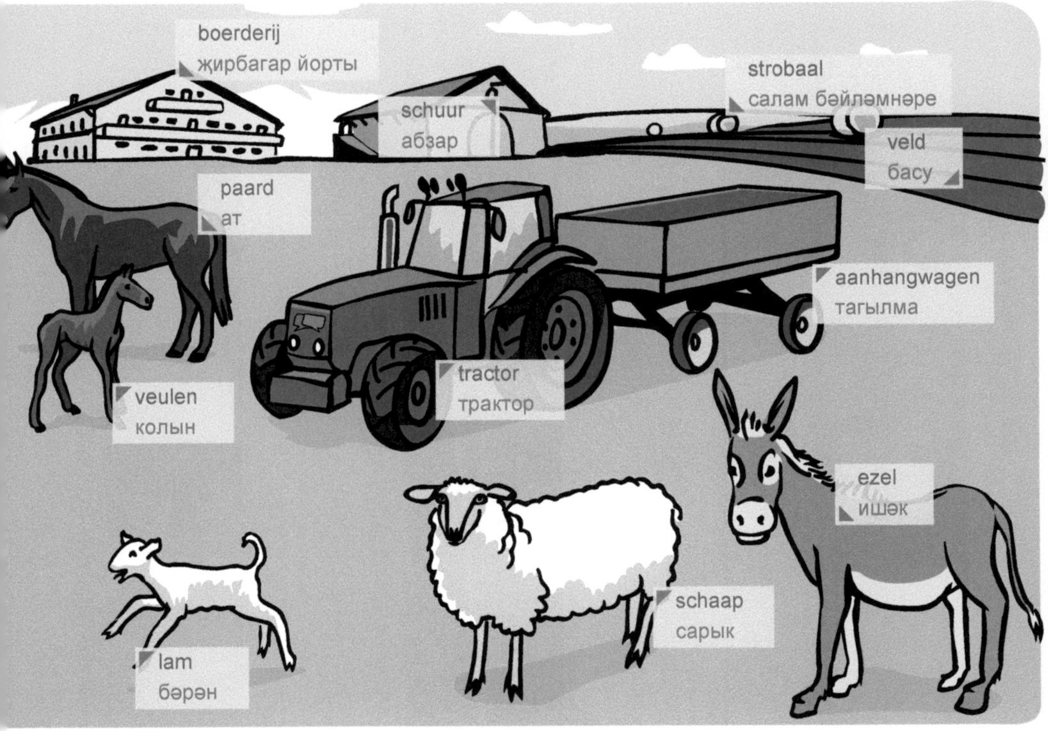
boerderij
җирбагар йорты
schuur
абзар
strobaal
салам бәйләмнәре
veld
басу
paard
ат
aanhangwagen
тагылма
tractor
трактор
veulen
колын
ezel
ишәк
schaap
сарык
lam
бәрән

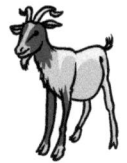

geit
кәҗә

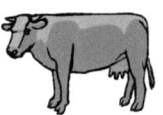

koe
сыер

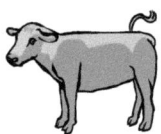

kalf
бозау

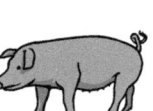

varken
дуңгыз

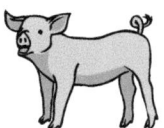

biggetje
дуңгыз баласы

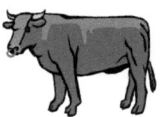

stier
үгез

gans

каз

eend

үрдәк

kuiken

чеби

kip

тавык

haan

әтәч

rat

күсе

kat

песи

muis

тычкан

os

эш үгезе

hond

эт

hondenhok

эт оясы

tuinslang

бакча хортумы

gieter

сусипкеч

zeis

чалгы

ploeg

сабан

sikkel

урак

schoffel

китмән

hooivork

сәнәк

bijl

балта

kruiwagen

кул арбасы

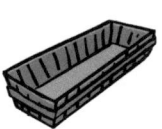

trog

тагарак

melkkan

сөт чиләге

zak

капчык

hek

койма

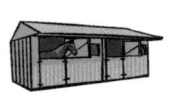

stal

абзар

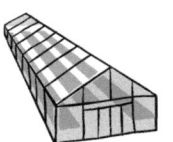

broeikas

эссеханә

bodem

туфрак

zaad

орлык

mest

ашлама

maaidorser

комбайн

oogsten

уңыш жыярга

oogst

уңыш

yam

ям

tarwe

бодай

soja

соя

aardappel

бәрәңге

maïs

мәккәй

koolzaad

рапс

fruitboom

җимеш агачы

maniok

маниок

graan

бөртеклеләр

huis

йорт

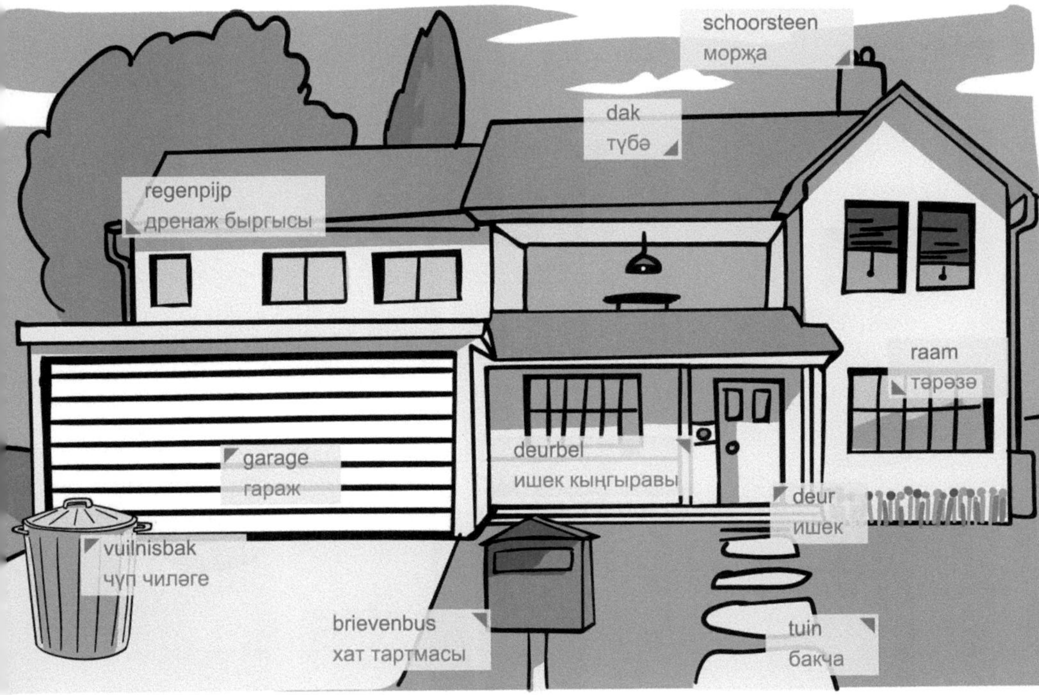
schoorsteen
моржа
dak
түбә
regenpijp
дренаж быргысы
raam
тәрәзә
garage
гараж
deurbel
ишек кыңгыравы
deur
ишек
vuilnisbak
чүп чиләге
brievenbus
хат тартмасы
tuin
бакча

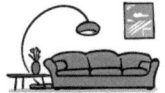

woonkamer

кунак бүлмәсе

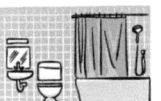

badkamer

юыну бүлмәсе

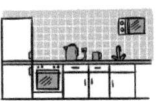

keuken

аш бүлмәсе

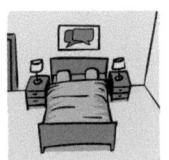

slaapkamer

ятак бүлмәсе

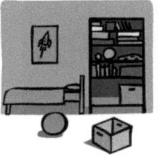

kinderkamer

бала бүлмәсе

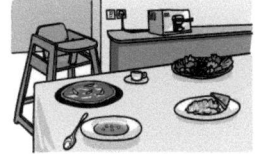

eetkamer

аш бүлмәсе

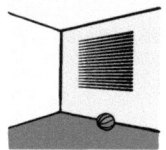

vloer

идән

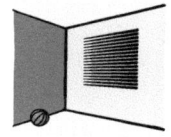

muur

дивар

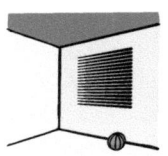

plafond

түшәм

kelder

түлә

sauna

сауна

balkon

балкон

terras

терраса

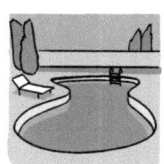

zwembad

хәвез

grasmaaier

чирәмчапкыч

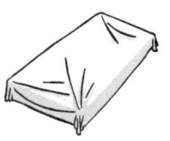

dekbedovertrek

җәймә

dekbed

ятак япмасы

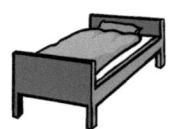

bed

ятак

bezem

себерке

emmer

чиләк

schakelaar

өзгеч

woonkamer
кунак бүлмәсе

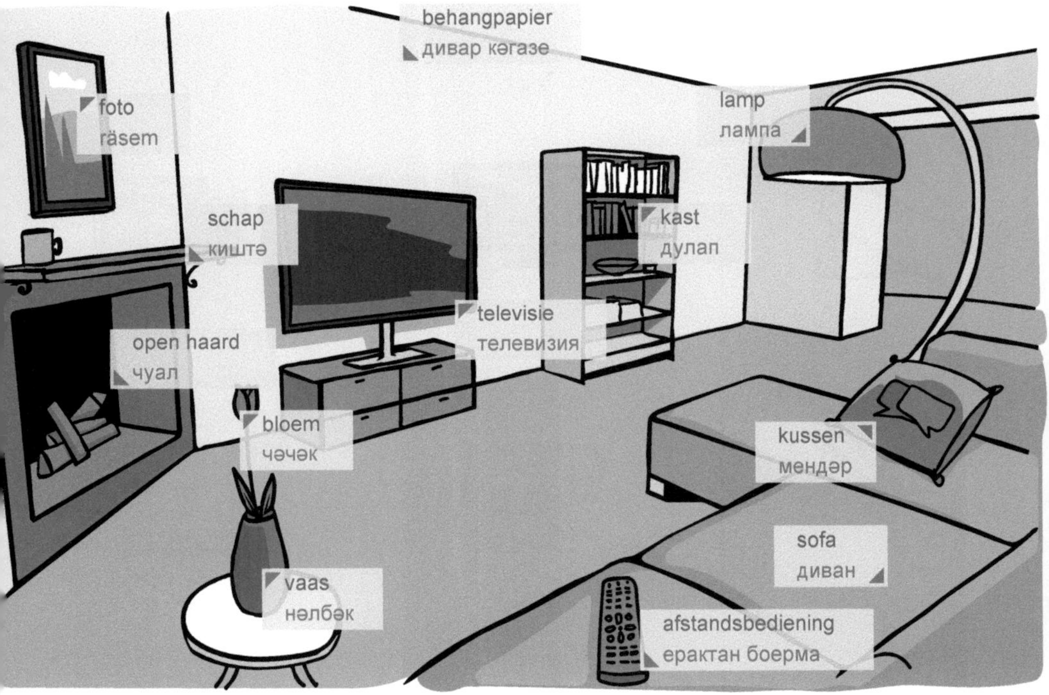

behangpapier
дивар кәгазе
foto
räsem
lamp
лампа
schap
киштә
kast
дулап
televisie
телевизия
open haard
чуал
bloem
чәчәк
kussen
мендәр
sofa
диван
vaas
нәлбәк
afstandsbediening
ерактан боерма

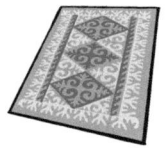

mat
келәм

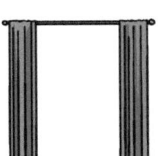

gordijn
пәрдә

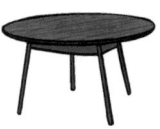

tafel
өстәл

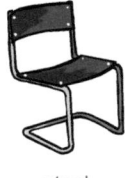

stoel
урындык

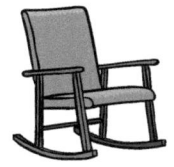

schommelstoel
тирбәлмә урындык

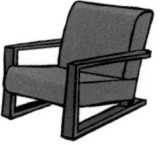

fauteuil
кәнәфи

boek

китап

deken

япма

decoratie

декор

brandhout

утын

film

фильм

stereo-installatie

hi-fi

sleutel

ачкыч

krant

гәжит

schilderij

сурәт

poster

постер

radio

радио

notitieboekje

куен дәфтәре

stofzuiger

тузансуыргыч

cactus

кактус

kaars

шәм

woonkamer - кунак бүлмәсе

keuken
аш бүлмәсе

koelkast
суыткыч
microgolfoven
микродулкынлы мич
keukenweegschaal
ашханә үлчәве
broodrooster
тостер
afwasmiddel
югыч әйбер
oven
мич
vriesvak
туңдыргыч
vuilnisbak
чүп чиләге
vaatwasmachine
савыт-саба югыч

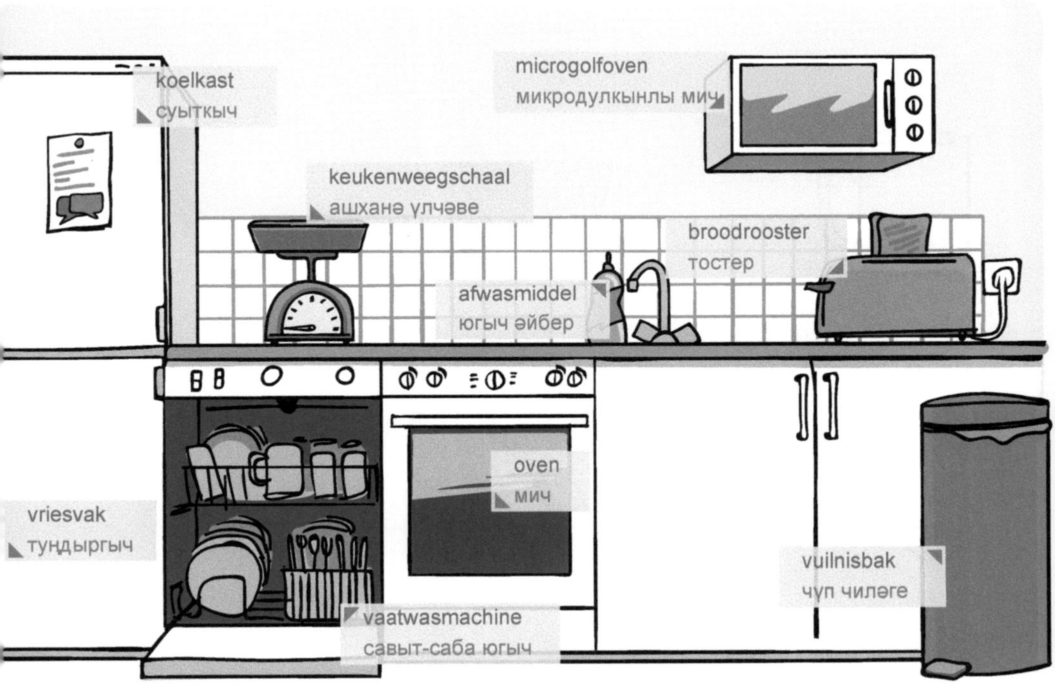

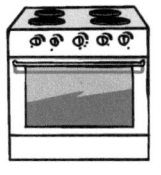

fornuis

әүсәк

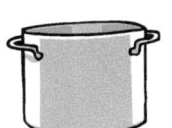

pot

саган

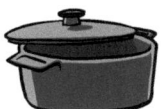

gietijzeren pot

чуен саган

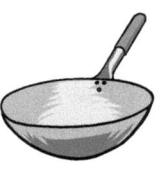

wok / kadai

вок

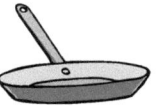

pan

таба

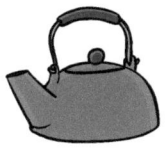

waterkoker

чәйгүн

stoomkoker

булы пешергеч

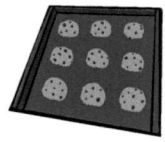

bakplaat

калай

servies

савыт-саба

mok

тәгәч

kom

касә

eetstokjes

ашау таякчыклары

pollepel

уҗау

spatel

спатула

garde

туглагыч

vergiet

сөзгеч

zeef

иләк

rasp

кыргыч

mortier

киле

barbecue

барбекю

haardvuur

ачык учак

snijplank

такта

deegrol

уклау

kurkentrekker

бөке суыргыч

blik

металл тартма

blikopener

кәнсир ачкыч

pannenlap

мич бияләе

gootsteen

киршән

borstel

фырча

spons

болыт

blender

блендер

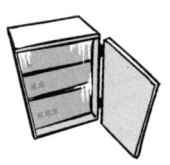

vriezer

тирән туңдыргыч

papfles

имезлекле шешә

kraan

чөмәк

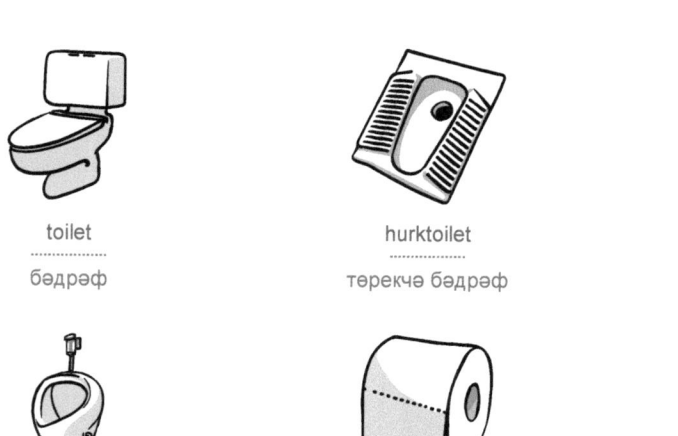

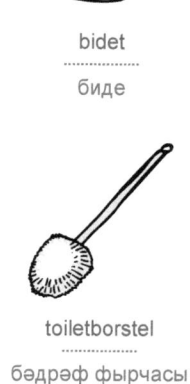

badkamer
юыну бүлмәсе

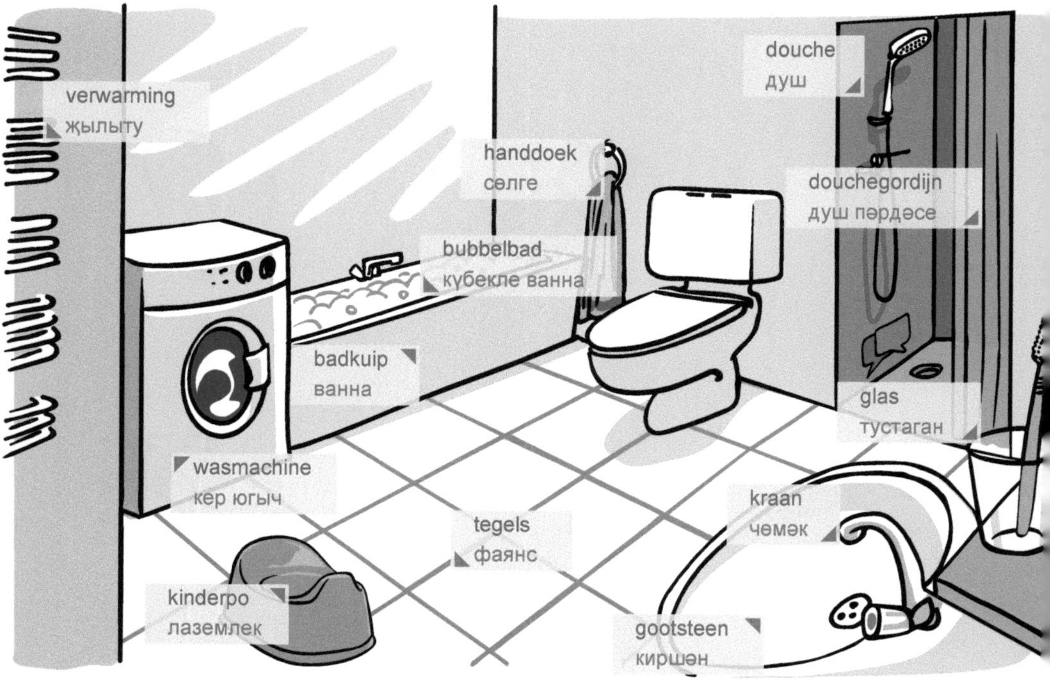

verwarming
җылыту
handdoek
сөлге
douche
душ
douchegordijn
душ пәрдәсе
bubbelbad
күбекле ванна
badkuip
ванна
glas
тустаган
wasmachine
кер югыч
kraan
чүмәк
tegels
фаянс
kinderpo
лаземлек
gootsteen
киршән

toilet
бәдрәф

hurktoilet
төрекчә бәдрәф

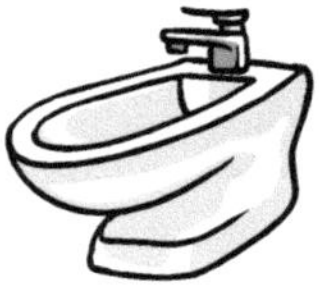

bidet
биде

urinoir
писсуар

toiletpapier
бәдрәф кәгазе

toiletborstel
бәдрәф фырчасы

tandenborstel

теш фырчасы

tandpasta

теш мәгъжүне

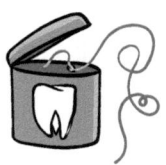

flosdraad

теш җебе

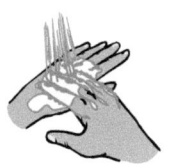

wassen

юарга

handdouche

душ башлыгы

bidethanddouche

душ

waskom

киршән

rugborstel

арка фырчасы

zeep

сабын

douchegel

душ сеңәле

shampoo

шампунь

washandje

мунчала

afvoer

агым

crème

крем

deodorant

дезодорант

spiegel

көзге

handspiegel

кул көзгесе

scheermes

өстәрә

scheerschuim

кырыну күбеге

aftershave

кырыну лосьоны

kam

тарак

borstel

щётка

haardroger

фен

haarlak

чәч спрее

make-up

макияж

lippenstift

ирен иннеге

nagellak

тырнак җәләсе

watten

мамык

nagelknipper

тырнак кайчысы

parfum

хушбуй

toilettas

макияж букчасы

kruk

утыргыч

weegschaal

үлчәү

badjas

чоба

latex handschoenen

резин иләсә

tampon

тампон

maandverband

һигиеник пәд

chemisch toilet

химияви бәдрәф

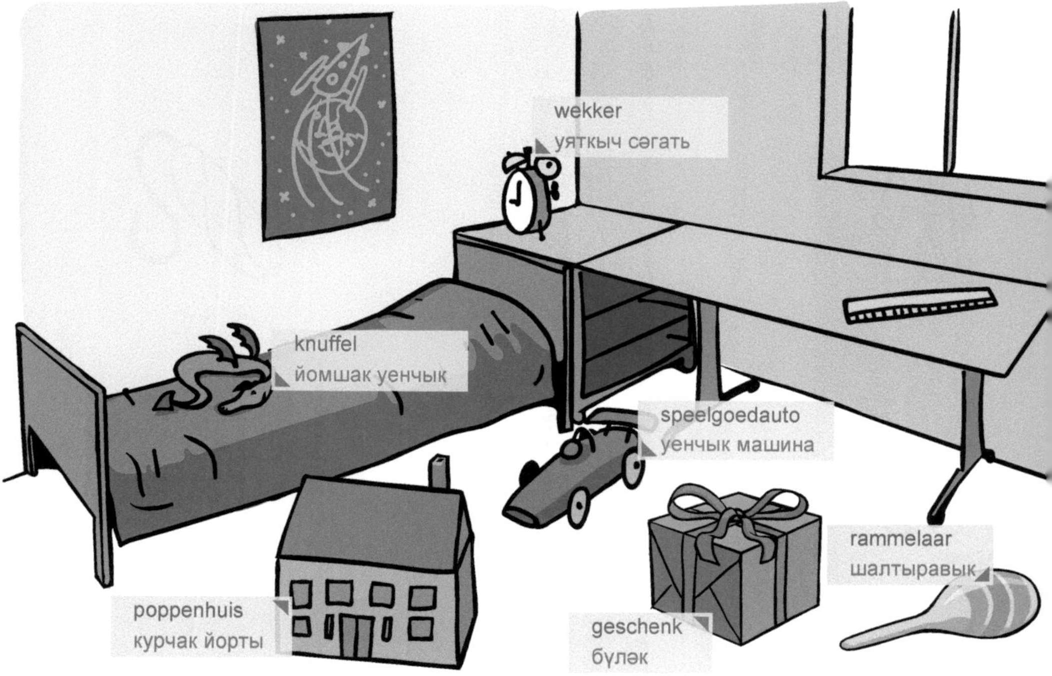

wekker
уяткыч сәгать

knuffel
йомшак уенчык

speelgoedauto
уенчык машина

rammelaar
шалтыравык

poppenhuis
курчак йорты

geschenk
бүләк

ballon

hава шары

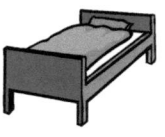

bed

ятак

kinderwagen

бәби арбасы

spel kaarten

кәрт дәстәсе

puzzel

пазл

stripboek

комикс

legoblokjes

лего кирпечләре

blokken

шакмаклар

actiefiguur

уен сынчыгы

kruippakje

зыбын

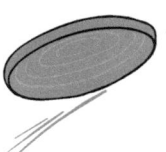

frisbee

фрисби

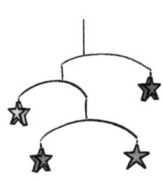

mobiel

мобиль

bordspel

өстәл уены

dobbelsteen

уен ташы

modelspoorweg

поезд моделе җыелмасы

fopspeen

имезлек

feest

кичә

prentenboek

рәсемле китап

bal

туп

pop

курчак

spelen

уйнарга

zandbak

комлык

schommel

таган

speelgoed

уенчыклар

spelconsole

уен кушмасы

driewieler

өч көпчәкле сәпид

knuffelbeer

уенчык аю

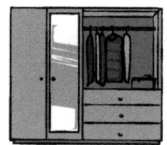

kleerkast

кием дулабы

kleding

кием

sokken

оекбаш

kousen

оек

maillot

оегыштан

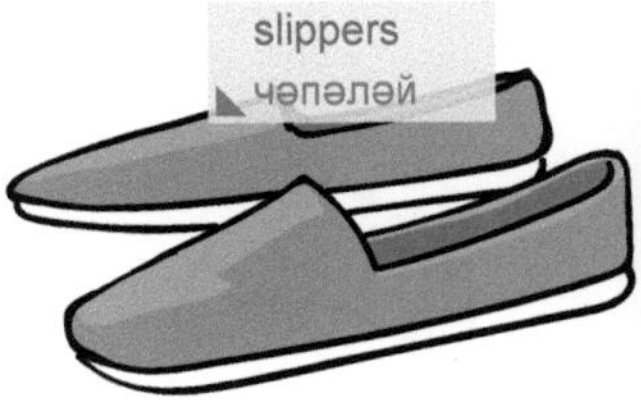

sjaal
шарф

paraplu
кулчатыр

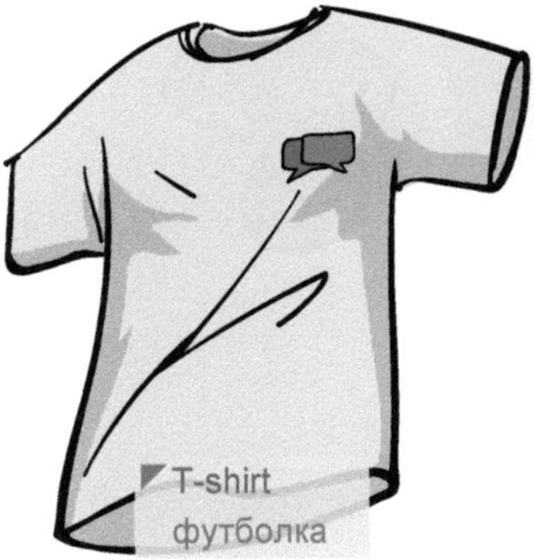

T-shirt
футболка

riem
каеш

laarzen
итек

slippers
чөпәләй

sneakers
спорт аяк киеме

sandalen
сандаллар

schoenen
аяк киеме

rubberlaarzen
резин итек

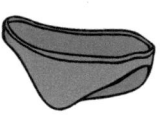

onderbroek
тәнбан

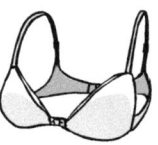

beha
түшти

onderhemd
жәләк

lichaam

боди

broek

чалбар

jeans

джинс

rok

итәк

blouse

блузка

hemd

күлмәк

trui

свитер

capuchontrui

худи

blazer

блейзер

jas

жакет

jas

бишмәт

regenjas

яңгырлык

kostuum

кәчтүм

jurk

күлмәк

trouwjurk

туй күлмәге

pak

такым кием

nachthemd

төнге күлмәк

pyjama

пижама

sari

сари

hoofddoek

яулык

tulband

чалма

boerka

бурка

kaftan

чапан

abaya

абая

badpak

коену киеме

zwembroek

йөзү тәнбаны

short

шорт

trainingspak

спорт киеме

schort

алъяпкыч

handschoenen

илəсə

knoop

төймә

bril

күзлек

armband

беләзек

ketting

муенса

ring

балдак

oorbel

алка

pet

кәпәч

kapstok

элгеч

hoed

эшләпә

das

галстук

rits

зынҗыр

helm

очлам

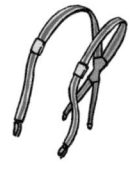

bretellen

чалбар асмасы

schooluniform

мәктәп формасы

uniform

форма

slabbetje

балалар күкрәкчәсе

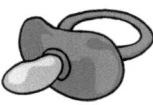

fopspeen

имезлек

luier

күзәлә

kantoor

офис

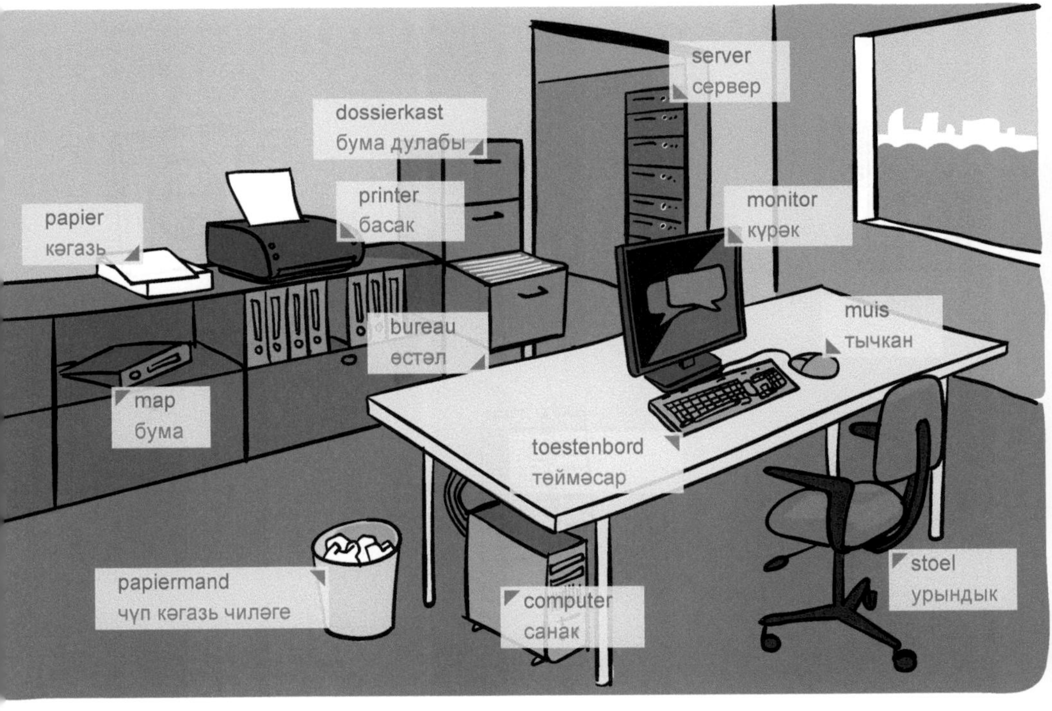

papier
кәгазь

dossierkast
бума дулабы

printer
басак

server
сервер

monitor
күрәк

bureau
өстәл

muis
тычкан

map
бума

toestenbord
төймәсар

papiermand
чүп кәгазь чиләге

computer
санак

stoel
урындык

koffiemok

каһвә тәгәче

rekenmachine

сансанар

internet

интернет

laptop

ләптоп

brief

хат

bericht

хәбәр

gsm

кесә телефоны

netwerk

челтәр

kopieerapparaat

фотокопияче

software

програм тәэминаты

telefoon

телефон

stopcontact

аергыч

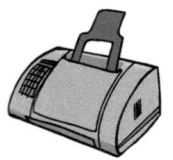

fax

факс

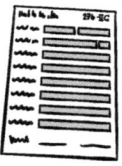

formulier

форм

document

документ

kopen

сатып алырга

betalen

түләргә

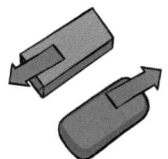

handelen

сәүдә итәргә

geld

акча

dollar

доллар

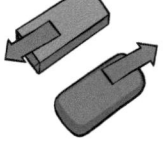

euro

евро

yen

иена

roebel

сум

Zwitserse frank

франк

Chinese renminbi

юан

roepie

рупи

geldautomaat

банкомат

wisselkantoor

валюта бюросы

goud

алтын

zilver

көмеш

olie

карамай

energie

энергия

prijs

бәя

contract

контракт

belasting

салым

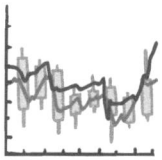

aandeel

сток

werken

эшләргә

werknemer

эшче

werkgever

эш бирүче

fabriek

фабрика

winkel

кибет

politieagent
полиция хезмәткәре

brandweerman
янгын сүндерүче

kok
ашчы

dokter
табиб

piloot
очучы

tuinman

бакчачы

timmerman

агач остасы

naaister

тегүче

rechter

хөкемче

chemicus

химияче

acteur

актер

buschauffeur

автобус йөртүче

taxichauffeur

таксиче

visser

балыкчы

schoonmaakster

җыештыручы хатын

dakdekker

түбә ябучы

ober

табынчы

jager

аучы

schilder

рәссам

bakker

икмәкче

elektricien

электрчы

bouwvakker

төзүче

ingenieur

мөһәндис

slager

итче

loodgieter

чөмәкче

postbode

ямылчы

soldaat

гаскәри

architect

мигъмар

kassier

кассир

bloemist

чәчәкче

kapper

чәчтараш

conducteur

кондуктор

mecanicien

механик

kapitein

капитан

tandarts

теш табибы

wetenschapper

галим

rabbijn

раввин

imam

имам

monnik

кәшиш

geestelijke

рухани

werktuigen

алəтлəр

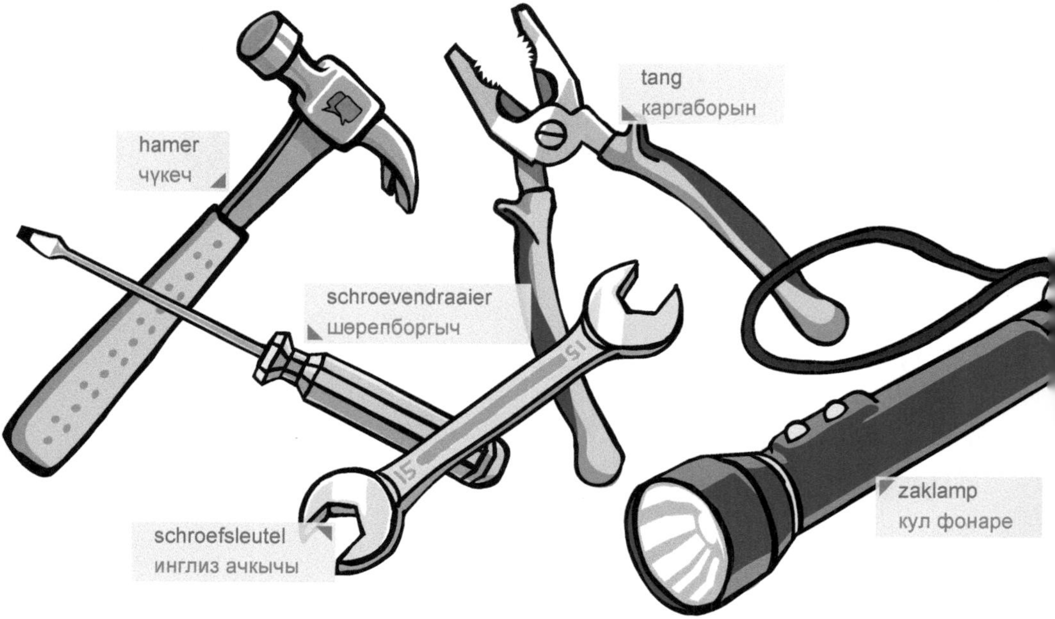

tang
каргаборын
hamer
чүкеч
schroevendraaier
шөрепборгыч
zaklamp
кул фонаре
schroefsleutel
инглиз ачкычы

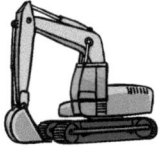

graafmachine

казу машинасы

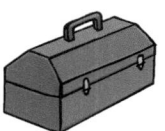

gereedschapskoffer

алəт букчасы

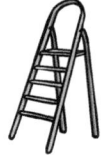

ladder

баскыч

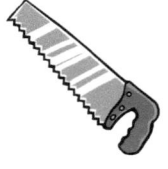

zaag

пычкы

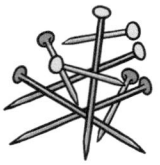

spijkers

кадаклар

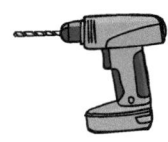

boormachine

дрель

repareren
төзәтергә

schop
көрәк

Verdomme!
Шайтан алгыры!

blik
соскы

verfpot
буяу савыты

schroeven
мыклар

muziekinstrumenten
музыка аләтләре

drumstel
давылбаз такымы

luidspreker
тавыш көчәйткеч

gitaar
гитара

contrabas
контрабас

trompet
быргы

piano
пианино

viool
кәман

basgitaar
бас-гитара

pauk
тимпани

trommels
давылбаз

keyboard
төймәсар

saxofoon
саксофон

fluit
флейта

microfoon
микрофон

хайван бакчасы

ingang
керү

tijger
юлбарыс

kooi
читлек

zebra
зебра

diereneten
терлек азыгы

panda
панда

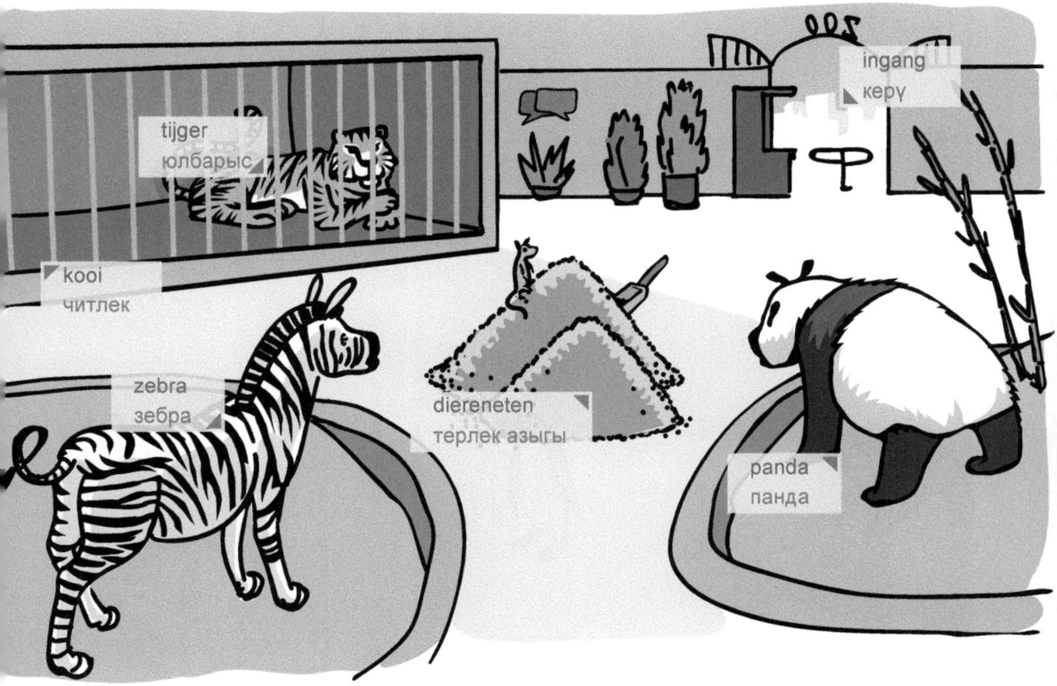

dieren

хайваннар

olifant

фил

kangoeroe

көнгерә

neushoorn

кәркәдән

gorilla

горилла

beer

аю

kameel

дэя

struisvogel

тэвэ кошы

leeuw

арыслан

aap

маймыл

flamingo

фламинго

papegaai

тутый кош

ijsbeer

ак аю

pinguïn

пингвин

haai

күпек балыгы

pauw

тавис

slang

елан

krokodil

тимсах

dierenverzorger

хайван бакчасы
хезмэткэре

zeehond

су эте

jaguar

ягуар

pony

пони

luipaard

каплан

nijlpaard

су айгыры

giraffe

зөрәфә

adelaar

бөркет

wild zwijn

кабан дуңгызы

vis

балык

zeeschildpad

ташбака

walrus

морж

vos

төлке

gazelle

газәл

rugby
Америка футболы

wielrennen
сәпид

tennis
теннис

basketbal
баскетбол

zwemmen
йөзү

ijshockey
хоккей

boksen
бокс

voetbal
футбол

badminton
бадминтон

atletiek
атлетика

handbal
гандбол

skiën
чаңгы

polo
поло

activiteiten

иткенлекләр

lachen
көләргә
springen
сикерергә
knuffelen
кочакларга
wandelen
йөрергә
zingen
җырларга
dromen
хыялланырга
bidden
гыйбадәт кылырга
kussen
үбәргә

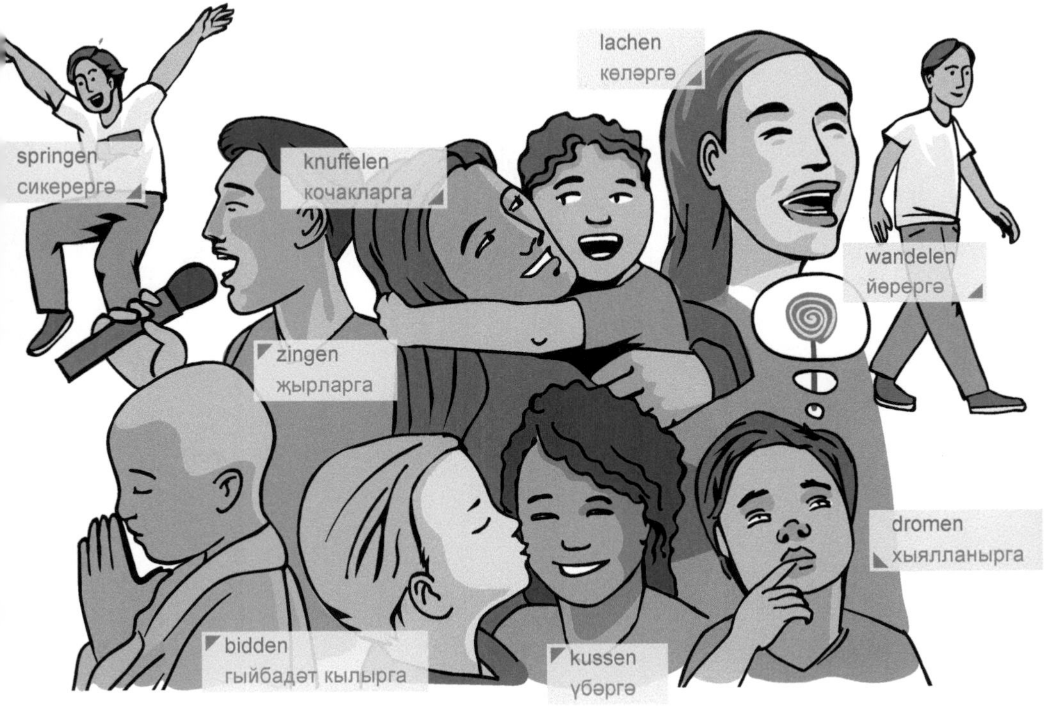

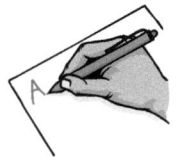

schrijven

язарга

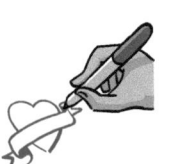

tekenen

рәсем ясарга

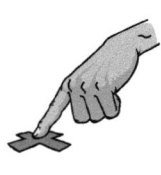

tonen

күрсәтергә

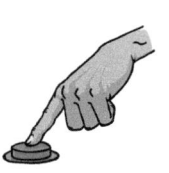

duwen

этәргә

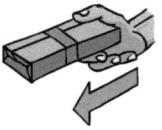

geven

бирергә

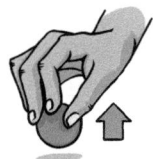

nemen

алырга

hebben

ия булырга

doen

эшләргә

zijn

булырга

staan

басып торырга

lopen

йөгерергә

trekken

тартырга

gooien

ташларга

vallen

егылырга

liggen

ятарга

wachten

көтәргә

dragen

ташырга

zitten

утырырга

aankleden

киенергә

slapen

йокларга

ontwaken

уянырга

activiteiten - иткенлекләр

kijken naar

карарга

wenen

еларга

aaien

сыйпарга

kammen

тарарга

praten

сөйләшергә

begrijpen

аңларга

vragen

сорарга

luisteren

тыңларга

drinken

эчәргә

eten

ашарга

opruimen

җыештырынырга

houden van

сөярга

koken

пешерергә

rijden

сөрергә

vliegen

очарга

zeilen

диңгезгә ачылу

rekenen

исәпләү

Lezen

укырга

leren

өйрәнергә

werken

эшләргә

trouwen

өйләнергә

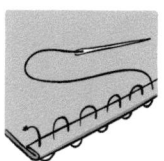

naaien

тегәргә

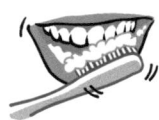

tandenpoetsen

теш фырчаларга

doden

үтерергә

roken

тәмәке тартырга

sturen

җибәрергә

familie

гаилә

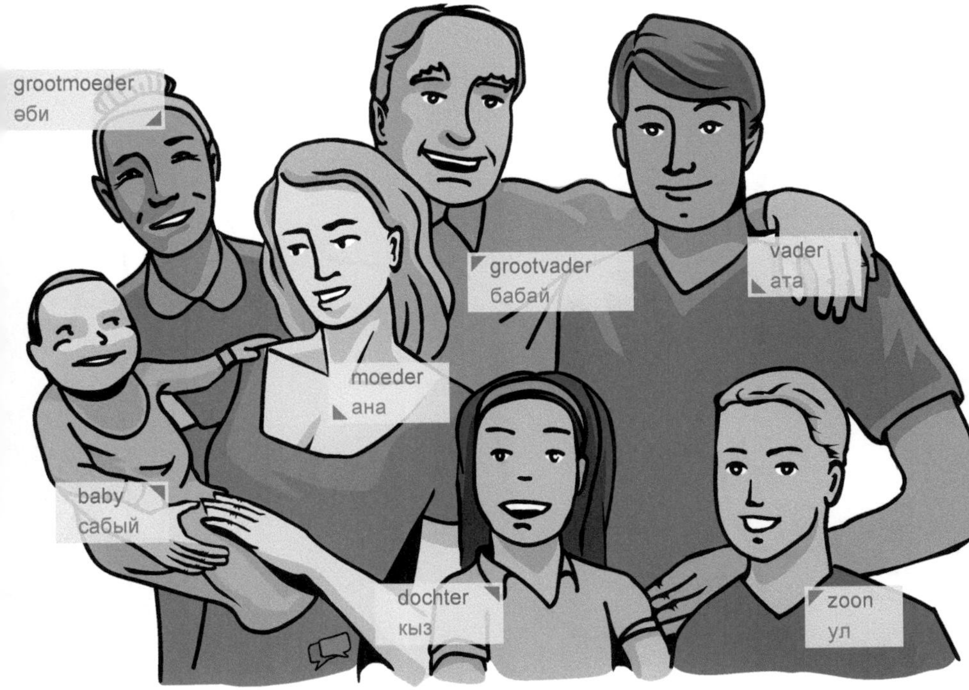
grootmoeder
әби
grootvader
бабай
vader
ата
moeder
ана
baby
сабый
dochter
кыз
zoon
ул

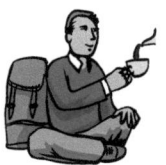

gast

кунак

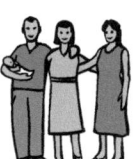

tante

апа

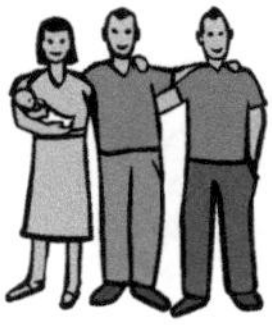

oom

абый

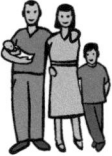

broer

абый / эне

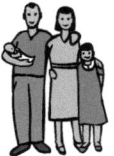

zus

апа / сеңел

lichaam

тән

voorhoofd
маңгай
oog
күз
schouder
иңбаш
vinger
бармак
gezicht
бит
kin
ияк
hand
кул чугы
borst
күкрәк
been
аяк
arm
кул

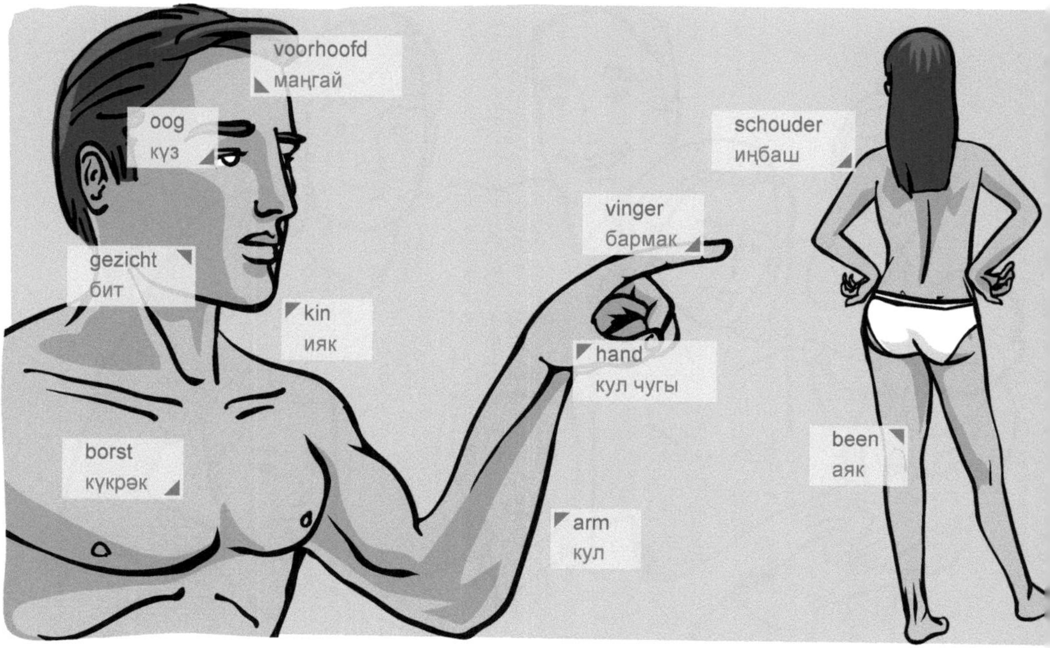

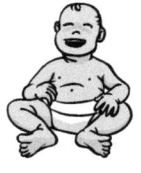

baby

сабый

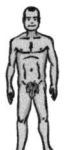

man

ир

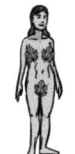

vrouw

хатын

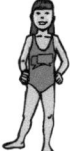

meisje

кыз

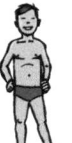

jongen

малай

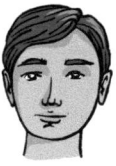

hoofd

баш

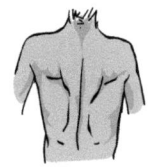

rug
арка

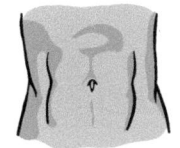

buik
эч

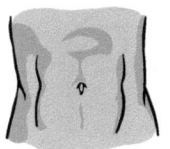

navel
кендек

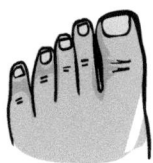

teen
аяк бармагы

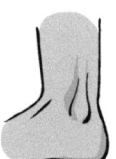

hiel
үкчә

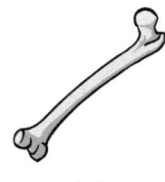

bot
сөяк

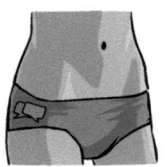

heup
бот

knie
тез

elleboog
терсәк

neus
борын

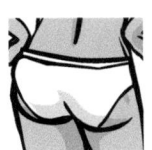

zitvlak
арт сан

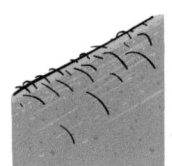

huid
тире

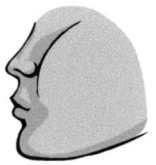

wang
яңак

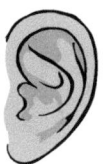

oor
колак

lip
ирен

mond
авыз

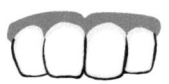

tand
теш

tong
тел

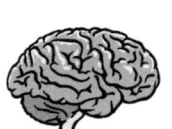

hersenen
ми

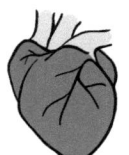

hart
йөрәк

spier
газлә

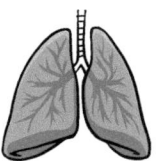

long
үпкә

lever
бавыр

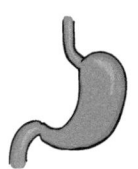

maag
ашказаны

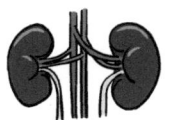

nieren
бөерләр

seks
секс

condoom
презерватив

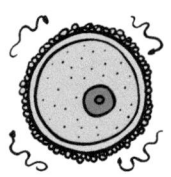

eicel
күкәй күзәнәк

sperma
мәни

zwangerschap
көмән

lichaam - тән

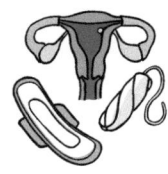

menstruatie

күрем

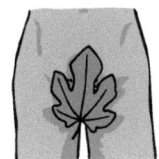

vagina

вагина

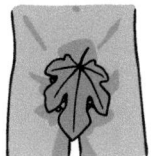

penis

пенис

wenkbrauw

каш

haar

чәчләр

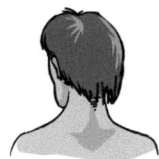

nek

муен

ziekenhuis
хастаханә

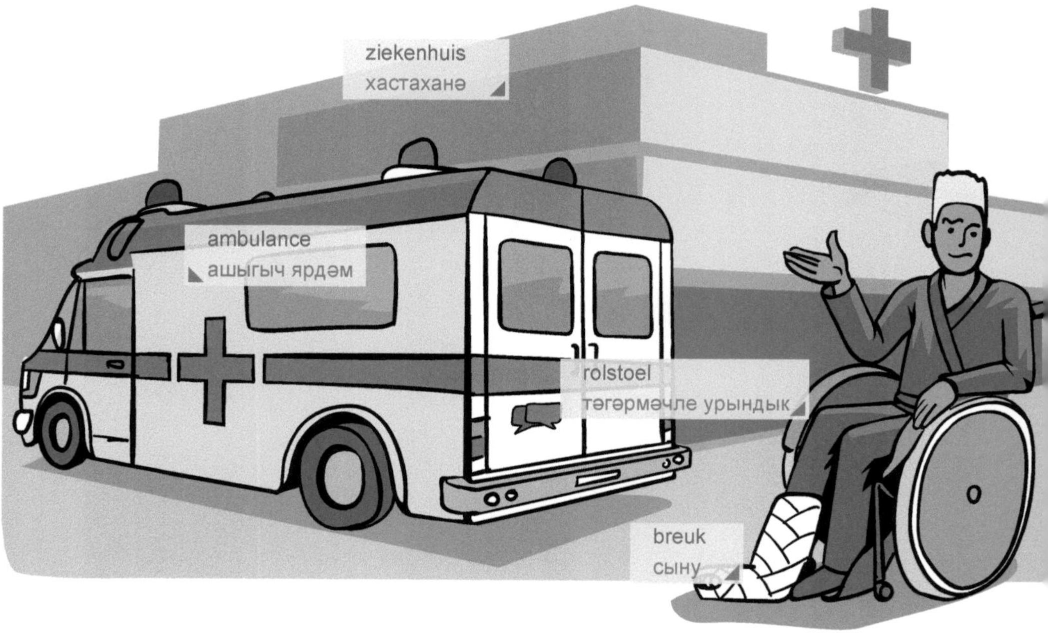

ziekenhuis
хастаханә
ambulance
ашыгыч ярдәм
rolstoel
тәгәрмәчле урындык
breuk
сыну

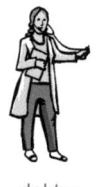

dokter

табиб

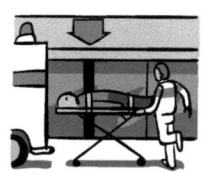

spoed

ашыгыч ярдәм бүлмәсе

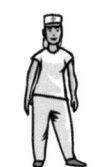

verpleegkundige

шәфкать туташы

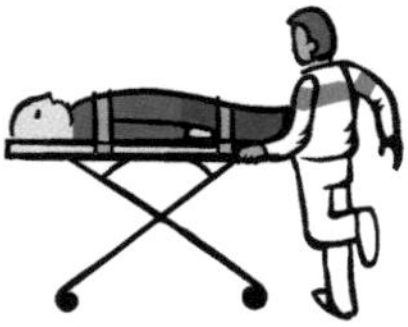

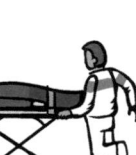

noodgeval

кичектергесез хәл

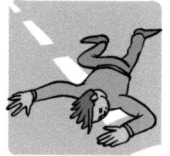

bewusteloos

аңсыз

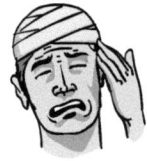

pijn

авырту

verwonding

җәрәхәтләнү

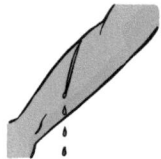

bloeding

кан агу

hartaanval

инфаркт

beroerte

инсульт

allergie

аллергия

hoest

ютәл

koorts

кызу

griep

грипп

diarree

эч киту

hoofdpijn

баш авырту

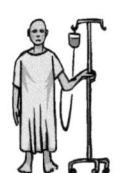

kanker

яман шеш

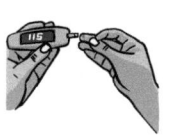

diabetes

диабет

chirurg

хирург

scalpel

скальпель

operatie

гамәлият

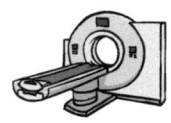

CT

CT

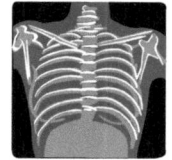

röntgenstraal

рентген

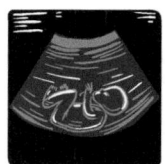

ultrageluid

ультратавыш

gezichtsmasker

битлек

ziekte

авыру

wachtkamer

көтү бүлмәсе

kruk

култык таягы

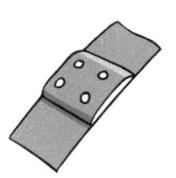

pleister

пластырь

verband

бәйләвеч

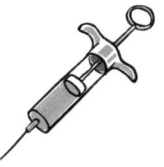

injectie

кадау

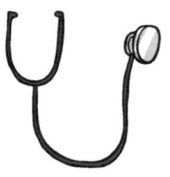

stethoscoop

стетоскоп

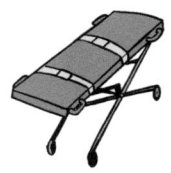

brancard

сәдия

thermometer

клиник термометр

geboorte

туу

overgewicht

артык авырлык

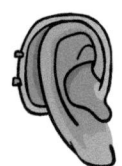

hoorapparaat

ишетү җиһазы

ontsmettingsmiddel

дезинфектант

infectie

йогыш

virus

вирус

HIV / AIDS

КИВ / БИДС

medicijn

дару

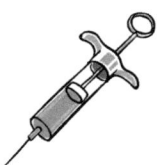

vaccinatie

вакциналану

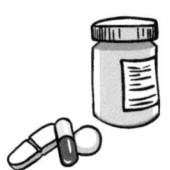

tabletten

таблетлар

pil

контрацептив таблет

noodoproep

ашыгыч чакыру

bloeddrukmeter

кан басымы үлчәгече

ziek / gezond

авыру / сәламәт

ziekenhuis - хастаханә

Help!

Коткарыгыз!

overval

һөҗүм

alarm

хәвеф тавышы

aanval

һөҗүм

gevaar

куркыныч

nooduitgang

ашыгыч чыгу

Brand!

Янгын!

brandblusser

ут сүндергеч

ongeval

каза

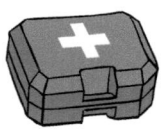

EHBO-kit

беренче ярдәм букчасы

SOS

SOS

politie

полиция

Europa

Аурупа

Noord-Amerika

Төньяк Америка

Zuid-Amerika

Көньяк Америка

Afrika

Африка

Azië

Азия

Australië

Австралия

Atlantische Oceaan

Атлантик океан

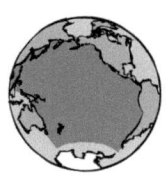

Stille Oceaan

Тын океан

Indische Oceaan

Һинд океаны

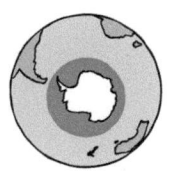

Antarctische Oceaan

Антарктик океан

Arctische Oceaan

Арктик океан

Noordpool

Төньяк котып

Zuidpool

Көньяк котып

Antarctica

Антарктика

aarde

Җир

land

коры җир

zee

диңгез

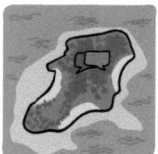

eiland

утрау

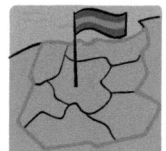

natie

милләт

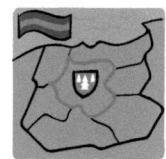

staat

дәүләт

wijzerplaat

сәгать бите

uurwijzer

сәгать угы

minuutwijzer

минут угы

secondewijzer

секунд угы

Hoe laat is het?

Сәгать ничә?

dag

көн

tijd

вакыт

nu

хәзер

digitale horloge

дижитал сәгать

minuut

минут

uur

сәгать

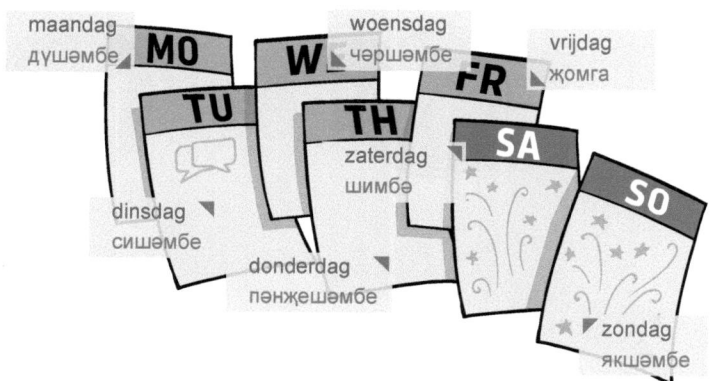

maandag / дүшәмбе — MO
woensdag / чәршәмбе — W
vrijdag / җомга — FR
TU
TH
SA
SO
dinsdag / сишәмбе
zaterdag / шимбә
donderdag / пәнҗешәмбе
zondag / якшәмбе

gisteren

кичә

vandaag

бүген

morgen

иртәгә

ochtend

иртә

middag

төш

avond

кич

MO	TU	WE	TH	FR	SA	SU
1	2	3	4	5	6	7
8	9	10	11	12	13	14
15	16	17	18	19	20	21
22	23	24	25	26	27	28
29	30	31	1	2	3	4

werkdagen

эш көннәре

MO	TU	WE	TH	FR	SA	SU
1	2	3	4	5	6	7
8	9	10	11	12	13	14
15	16	17	18	19	20	21
22	23	24	25	26	27	28
29	30	31	1	2	3	4

weekend

ял көннәре

jaar

ел

regen
яңгыр
regenboog
салават күпере
sneeuw
кар
wind
җил
lente
яз
herfst
көз
zomer
җәй
winter
кыш

4.APRIL 11°
5.APRIL 4°
6.APRIL 13°
7.APRIL 8°
8.APRIL 10°

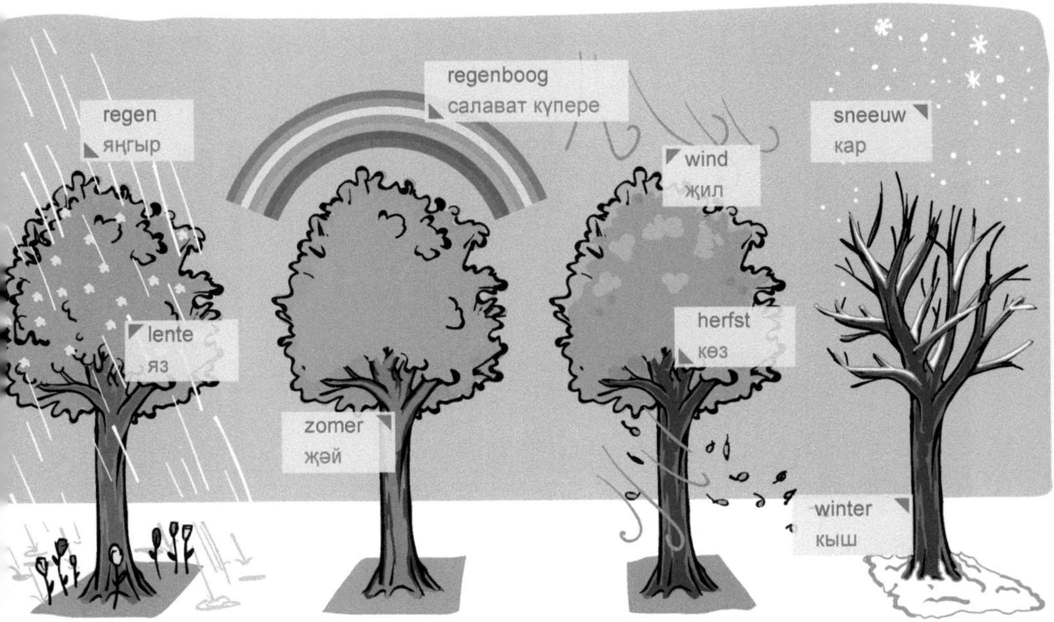

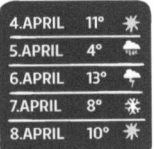

weervoorspelling

һава торышы

F C
120 90 60 30 0 -30
40 30 20 10 0 -10 -20

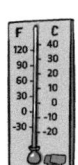

thermometer

термометр

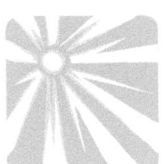

zonneschijn

кояш яктысы

wolk

болыт

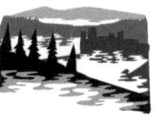

mist

томан

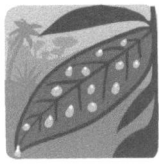

vochtigheid

дымлылык

bliksem

яшен

donder

күк күкрәү

storm

давыл

hagel

боз

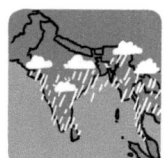

moesson

муссон

overstroming

су басу

ijs

боз

januari

гыйнвар

februari

февраль

maart

март

april

апрель

mei

май

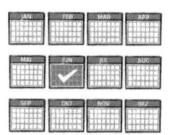

juni

июнь

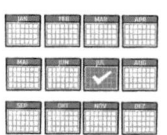

juli

июль

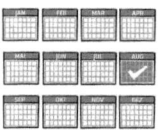

augustus

август

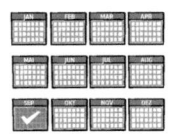

september
....
сентябрь

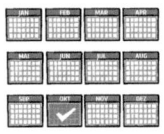

oktober
....
октябрь

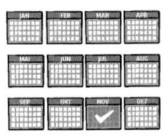

november
....
ноябрь

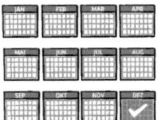

december
....
декабрь

vormen
формалар

cirkel
....
түгәрәк

kwadraat
....
дүрткел

rechthoek
....
турыпочмак

driehoek
....
өчпочмак

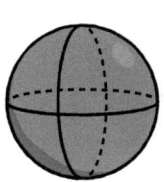

bol
....
шар

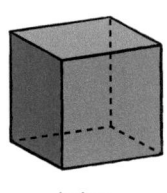

kubus
....
куб

kleuren
төслəр

wit

ак

geel

сары

oranje

кызгылт сары

roze

ал

rood

кызыл

paars

шəмəхə

blauw

зəңгəр

groen

яшел

bruin

көрəн

grijs

соры

zwart

кара

84   kleuren - төслəр

veel / weinig

күп / аз

boos / kalm

усал / тыныч

mooi / lelijk

матур / ямьсез

begin / einde

баш / ахыр

groot / klein

зур / кечкенә

licht / donker

якты / караңгы

broer / zus

абый, эне / апа, сеңел

proper / vuil

таза / пычрак

volledig / onvolledig

тәмам / тәмамланмаган

dag / nacht

көн / төн

dood / levend

үле / тере

breed / smal

киң / тар

eetbaar / oneetbaar

ашарга яраклы / ашарга
яраксыз

kwaadaardig / vriendelijk

яман / яхшы

opgewonden / verveeld

дулкынланган / ялыккан

dik / dun

юан / ябык

eerst / laatst

беренче / соңгы

vriend / vijand

дус / дошман

vol / leeg

тулы / буш

hard / zacht

каты / йомшак

zwaar / licht

авыр / җиңел

honger / dorst

ачлык / сусау

ziek / gezond

авыру / сәламәт

illegaal / legaal

канунсыз / канунлы

intelligent / dom

акыллы / акылсыз

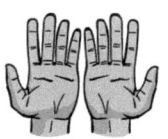

links / rechts

сул / уң

dichtbij / veraf

якын / ерак

nieuw / gebruikt

яңа / кулланылган

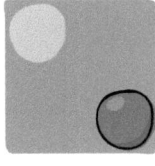

niets / iets

һичнәрсә / нәрсәдер

oud / jong

өлкән / яшь

aan / uit

кабыздырылган / сүндерелгән

open / dicht

ачык / ябык

stil / luid

тавышсыз / гөрелтеле

rijk / arm

бай / ярлы

juist / fout

дөрес / ялгыш

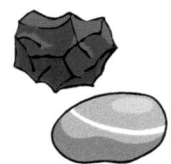

ruw / glad

кытыршы / шома

droevig / blij

күңелсез / күңелле

kort / lang

кыска / озын

traag / snel

акрын / тиз

nat / droog

дымлы / коры

warm / koud

җылы / салкын

oorlog / vrede

сугыш / тынычлык

0	**1**	**2**
nul	één	twee
сыфыр	бер	ике

3	**4**	**5**
drie	vier	vijf
өч	дүрт	биш

6	**7**	**8**
zes	zeven	acht
алты	җиде	сигез

9	**10**	**11**
negen	tien	elf
тугыз	ун	унбер

12

twaalf

унике

13

dertien

унеч

14

veertien

ундүрт

15

vijftien

унбиш

16

zestien

уналты

17

zeventien

унҗиде

18

achtien

унсигез

19

negentien

унтугыз

20

twintig

егерме

100

honderd

йөз

1.000

duizend

меҥ

1.000.000

miljoen

миллион

Engels

инглизчə

Amerikaans Engels

Америка инглизчəсе

Chinees (Mandarijn)

Мандарин кытайчасы

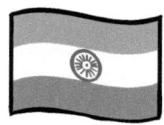

Hindi

hинди

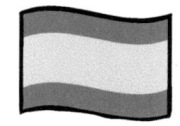

Spaans

испанча

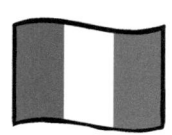

Frans

французча

Arabisch

гарəпчə

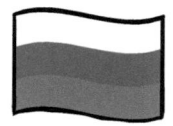

Russisch

русча

Portugees

португалча

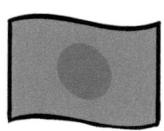

Bengali

бенгали

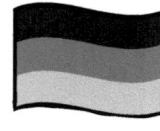

Duits

алманча

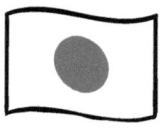

Japans

япончa

ik

мин

u

син

hij / zij / het

ул / ул / ул

wij

без

u

сез

ze

алар

wie?

кем?

wat?

нәрсә?

hoe?

ничек?

waar?

кайда?

wanneer?

кайчан?

naam

исем

waar
кайда

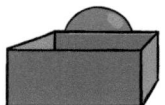

achter

артта

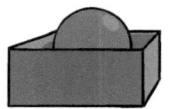

in

эчендә

voor

алда

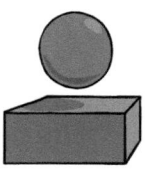

boven

өстендә

op

өстенә

onder

астында

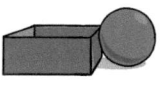

naast

янында

tussen

арасында

plaats

урын